나를 위해 울어주는 버드나무

*이 시집은 『나를 위해 울어주는 버드나무』(문학동네, 1997)
 개정판입니다.

나를 위해 울어주는
버드나무

간드레 시 02

이윤학 시집

시인의 말

살아가는 일은 바닥이 없는 갈증이다. 그래서
수시로 가까운 우물을 찾게 된다.
그 우물은 일찍이 누군가가
내 몸속에 파놓은 것이다.
어떤 때는 몸 전체가 우물로
변하기도 한다.
내 관심은 여전히 버려지고 잊히는 것에
닿아있다. 나는, 언제나, 그 우물을 바라보고
퍼먹어야 할 것 같다.

그러나, 이 시집에 실린 시들은
그 우물을 메우기 위한 노력의 산물이다.

개정판 시인의 말

쌍둥이를 낳아
하나를 남에게 준 부모의 심정이
이러했을 것.

면목은 없다만,
이제라도 데려와 살붙이고
정붙였음 원이 없겠다 싶었다.

차례

시인의 말

개정판 시인의 말

1부

잠긴 방문	11
사다리	12
목이 떨어진 석불들	13
화려한 유적	14
금장 가는 길	15
고목 속의 풍경	16
저녁의 공원	18
오락실	20
수영약국	22
옥상의 의자	24
난로 위의 주전자	26
암흑 속을, 불빛을 깜박거리며	28
진흙탕 속의 말뚝을 위하여	30
버들강아지 가지 하나가	32
유리컵 속으로 가라앉는 양파	34
처절한 연못	36
과수원길 3	38

2부

집	43

집 없는 길 44

봄밤 46

깊은 곳 48

둥근달 50

거꾸로 도는 환풍기 날개 52

밤나무 53

고사목 54

사진 속에 갇혀있는 연기 55

향연사(香蓮寺) 56

저수지 2 58

버려진 길 60

해청을 지나는 버스 62

한낮의 공원을 위하여 64

기울어진 전봇대 66

고장 난 수도꼭지에서 68

콘크리트에 찍힌 발자국 69

목련나무 아래 소파 70

금강휴게소 72

나를 위해 울어주는 버드나무 74

잠만 자는 방 76

3부

겨울에 지일에 갔다 1   79

겨울에 지일에 갔다 2   80

겨울에 지일에 갔다 6   82

겨울에 지일에 갔다 7   84

겨울에 지일에 갔다 9   86

겨울에 지일에 갔다 10	88
겨울에 지일에 갔다 8	90
구절리에서	91
벽 속의 관	92
깨어진 화분	94
화살	96
연못에 박힌 전봇대	98
벚꽃나무들의 거리	100
긴 점포의 한낮	102
녹슨 창살 사이로	104
양철지붕에 떨어지는 비	106
에필로그 ㅣ 그곳으로부터	109

1부

잠긴 방문

잠긴 방문 앞에서 서성이는 사람이 있네
그는 방금 방문을 잠그고 나온 사람이네
열쇠를 안에 두고 방문을 잠근 사람이네
아무도 없는 방문 안 아무도 상상할 수 없는
방문 안의 세계를 향하여, 그는 걸어가야 하네
어딘지 모르는 열쇠가게를 향하여 걸어가야 하네

사다리

재떨이에 걸쳐져 재로 변한 담배 한 개비
필터만 남은 담배를 쳐다본다.
커다란 재떨이는 담배에게
흰 벽을 한 감옥과도 같다.
감옥의 벽을 넘다 죽은 죄수 하나,
죄수의 영혼은 벽을 타고 내려와 사라졌다,
죄수의 몸의 형체는 외부로 통하는
사다리꼴이다.

무수한 담배꽁초 위에
죄수들의 임시 거처였던 담뱃갑이
비틀려버려져 있다.

목이 떨어진 석불들

이끼가 낀 석불들, 잔디 위에서
가부좌를 틀고 앉아있다. 석불들에게
목은 몸의 일부에 지나지 않는다.
그 부분은 별로 중요하지 않다.
석불들에겐 표정이란 게 없다.

사진 찍히며, 몇천 년이라도
그 자리를 지킬 수 있을 것 같다.

석불들은 단지
제 몸의 무게로, 조금씩
잔디 속으로 빠져들고 있다.

화려한 유적

무당벌레 한 마리 바닥에 뒤집혀있다
무당벌레는 지금, 견딜 수 없다
등 뒤에 화려한 무늬를 지고 왔는데
한 번도 보지 못했다

화려한 무늬에 쌓인 짐은
줄곧 날개가 되어주었다
이제 짐을 부려놓은 무당벌레의
느리고 조그만 발들
짐 속에 갇혀 발버둥치고 있다

금장 가는 길

커브길 밖에
툭 튀어나온 거울이 있다, 그
거울은 얻어터진 기억을 떠올리고 있다.
그 거울은 모든 걸 확대하여,
구부려버린다.

멀어지는 것, 그것은
벗어나는 길이 아니다.

돌아보지 마라, 거기
상처로 빛나는 거울이
지켜보고 있다.

고목 속의 풍경

저녁에 한번 바다를 내다본 후에
커튼을 치고 비디오를 보았다, 소파에 누워 깜박
잠이 들었다

그를 깨운 것은 고양이 울음이다
바다는 달빛 아래 잠들어있었다, 그는
고목이 가로막고 서있는 바다를 보았다

잠긴 문을 몇 번이나 확인했다
바깥에 널려있는 빨래들
떠올랐다, 내부에는 다섯 개나 되는
시계가 한꺼번에 움직이고 있다
그것들은 모두 일정하지가 않다

스탠드를 끄고 형광등을 켠다
입구로는 들어갈 수 없다, 그러나
속으로 들어갈수록 커지는 공간,
고목에는 그런 공간이 있다

저녁에 보았던 그 바다,
그를 망쳐놓았다, 그는
그런 착각에 사로잡혀있다

바다를 등지고 서있는 고목의
어두운 구멍은 언제나
그를 향하여 조그맣게 입을 벌리고 있다

저녁의 공원

먹을 것 앞에서,
얼마나 고개를 숙이기 싫은지
비둘기들은 신음소리를 내고 있다

고개를 숙이기 전의,
눈들은
붉고 작은 전구 같다

한꺼번에 다
아프자는 건지,
떼거리로 몰려다니며,
날개 달린 거지들은 쉼 없이,
신음소리를 내고 있다

여기가
지옥이라고,
꾸욱,
꾸욱,

꾸욱, 일러준다

안 보이는 곳의 상처를
날개로 퍼낼 수 있다면

비둘기들은 이제
나뭇가지에 앉아
날갯죽지 속에
고개를 넣고 있다

수은등이,
나뭇가지의 거지들을 비추고 있다
거지들은 나무의 상처인 열매들처럼
제 몸으로 둥지를 틀고 있다

오락실

잠시도 쉬지 않는 고통을
잠재울 수 있는 화면들을
켜놓았네.

수십 종의 화면들
머릿속에 들여놓고 말았네.

벌써부터,
나에게는
과거가 사라지고 없네.

지금부터 시작되는 화면 앞에서
쥐구멍은 없네.
반복되는 화면 앞에서 나는
시체나 다름없네.

내 머릿속에
누군가,

지긋지긋한 오락실을 차려놓았네.

언제나 밤을 모르는 머릿속 태양이
이 숨겨진 꼭대기의 오락실을 위해,
끊임없이 따라다니고 있는 거네.

수영약국

진주아파트 신축공사장 앞 사거리
수영약국이 있다.
약이라 쓰인 네 개의 붉은 글씨,
커다란 유리에 붙어있다. 그
약들의 둥글고 투명한 눈들,
거리를 내다보고 있다.

약국 안에는
이발소 간판이 돌아가고 있다. 잎사귀 푸른
화초들이 구석에 놓여있다. 그곳은
어항이나 수족관을 연상시킨다. 그곳의
문을 열거나 닫을 때마다
물이 쏟아져 나올 것 같다.

자신의 아픈 곳을 알고 있는 사람들
자신이 어떤 약을 먹어야 한다는 걸
알고 있는 사람들, 저 문으로 드나든다.
저 문 위에는 종이 달려있다.

사람들은 물속으로 들어갔다
금방 나온다. 어두운 조제실은
물밑에 조그맣게 자리 잡고 있다.

옥상의 의자

밤에 옥상에 오르는 것은
방을 옥상으로 옮기는 것,
방의 천장을 하늘로 바꾸는 것,
방의 천장은 죽은 추억을 떠올린다.

그곳엔 흐릿해진 꽃잎들이 있을 뿐이다!
그 꽃잎들은 바뀌지 않는다, 위치를
바꾸지 않는다.

구름 속의 별, 구름 속의 달,
구름 속으로 흘러가는 시간들,
그 낮은 하늘엔 파리들이 매달려있다,
그 하늘에 매달려 죽어있다.

식탁의 의자 하나를 빼내어
옥상에 올려놓았다, 흘러가는 천장, 끊임없이 변화
하는
천장을 보기 위한 것이다.

별과 달, 그리고 구름들은
싫증난 천장의 벽지를 대신하는 것이다.

난로 위의 주전자

난로의 불은 내게, 불이 켜진 창문
커튼이 쳐진 창문을 보게 한다

누군가 켜놓고 잊고 퇴근한
사무실의 가스난로 위에
주전자가 올려져 있다
밤새워 쪼그라들 주전자 속에는
끓는 물이 있다

떨고 있는 주전자 속에는
형을 기다리는 죄수들,
차례를 기다리는 죄수들이 있다
영혼이 빠져나갈 수 있는 구멍
밖으로 뚫려있다

바닥이 탈 때까지 바닥이 사라질 때까지
난로 위 주전자, 더운 김을 뿜어올린다

극에 달한 고통만이,
영혼을 건져올릴 수 있다

암흑 속을, 불빛을 깜박거리며

계단 아래,
겨울의 뜰이 펼쳐져 있다
뜰은 회색의 담장 안에
저녁의 우울을 담가놓고 있다,
쓰레기를 태우던 드럼통은
희뿌연 잿더미를 채우고 있다

얼마나 뜨거웠던가
탐스러운 홍시들은 아직도
그 열기를 그대로 간직하고 있다

나는, 대신, 혹독했던 연기를 기억하고 있다
나는 연기가 빠져나가는 동안
회한이라는 긴 통로 안에
갇혀있었다

이 난간은,
네온을 두른 십자가들을 바라보는

마지막 구렁텅이와 같았다

빌라 옥상 위엔
몇 년째 분양 광고탑이 서있다,
그 너머는 지금 암흑으로 변해있다

암흑 속을, 불빛을 깜박거리며
높이, 소리 없이, 비행 물체가
지나가고 있다

진흙탕 속의 말뚝을 위하여

저 머리들은
망치 자국을 가지고 있다
넓은 손바닥을 펴들고 있다

퉁퉁 불은,
저 말뚝들은 썩어가고 있다

푸르른 이끼들,
무수한 망치 자국을 떠받들고 있다

말뚝들은
무너지는 육체와 정신의
경계에서 견디고 있다

터질 듯한 배때기,
허물어지는 경계에
힘겹게 매달려있는 단추들! 옷이
찢겨도 떨어지지 않는다

언제나 나에게 독기를 불어넣어 주는 고통이여, 나를 비켜가지 말아라

터진 뚝은 다시 터진다, 홍수는 지나간다

버들강아지 가지 하나가

얼음이 풀리고 강가에 나갔네
십 년 동안, 아니 그보다 더 오랫동안
편지를 쓰지 못했네

목화씨를 닮은 버들강아지들
다닥다닥 피어있는 강가에서
이제 막 얼음이 풀려나간 강가에서
버들강아지 가지 하나가
강물 속에 펜끝을 대고,
글씨를 쓰고 있네

그 많은 목화씨들이,
그 가지 끝을 따라 흔들리고 있네

얼음이 풀린 환한 대낮에
얼음 속에서 꼼짝 못한
버들강아지 가지 하나가
얼음 속이던 그곳에서

긴 편지를 써가고 있네

유리컵 속으로 가라앉는 양파

유리컵에 물을 붓고
싹이 나기 시작한 양파를
올려놓았다. 양파의 하얀 뿌리들,
바닥을 향해 내려가고 있었다.

파란 양파의 머리카락들
꿈을 꾸고 있는 머리를 보는 듯했다.
꿈은 갈수록 흐릿해지는 것이었다.
파란 양파의 머리카락들
TV 화면을 가리기 시작했다.

머리카락은 곧 잘려나갔다.
양파의 발들은 바닥에서 엉켜
둥그런 둥지를 틀기 시작했다. 꿈을
다 꾸어버린 머리통인 양파 속은
텅 비어있었다. 유리컵은
뿌옇게 변해있었다.

가벼워진 양파,
자신의 둥지 속으로 내려가고 있었다.

처절한 연못

내가 지금 끔찍한 것은
그에게 떠넘긴 상처 때문이다.
저 연못의 유일한 표정은 연꽃이었다.
수면 위로 끊임없이 떠올라 터지던
작은 물방울들, 간 곳 없다.

이 연못을 걸어가면 포도농장이 나온다.
그리고 회관과 외딴집들, 나는 회관까지 걸어갔다.

저녁이 오고 있다.
거친 바람이 포플러 가지를 흔들고
마지막 햇빛이 포플러 가지를
바닥으로 끌어내려 앙상한 그늘을 드리우고 있다.

파헤쳐진 연못이 보인다.
애를 긁어낸 여자의 자궁과도 같을
얼어붙은 연못의 처절한 바닥,
허연 얼음 위에

긁힌 살처럼 진흙더미들이 올라와 있다.

손과 발에 마른 진흙을 붙인 채
포클레인이 한 대,
수영금지 푯말 위에
멈춰 서있다.

과수원길 3

길가에는 쌍둥이 무덤이 있었다, 그
무덤을 가리키며
아이가 물었다, 아빠
저게 영어로 뭐야

중년 남자가 경운기를 몰고 가고 있었다
경운기에는 비육(肥育) 사료가 실려있었다
그의 아내가 머리에 수건을 쓰고
짐칸에 앉아있었다

아까시 꽃이 피어있었다, 아까시
꽃이 주렁주렁 열려있었다
아까시 꽃에서 나는
향기를 맡고 있었다

아까시……
작은 이파리들보다도 많은
흔들림과, 떨림과, 설렘이

내 마음속에 모여 살던 적이 있었다

아빠는, 그것도 몰라
'하우스' 아니야

2부

집

낮 동안, 제 집을 쫓아다닌 그림자
저녁에 문 앞에 와서 보니, 그 그림자가
나였다는 생각이 든다. 잠긴 문 앞에서
기다리는 동안
나는 집으로부터 쫓겨난 영혼이다.

나는 지금도 집에 가기 위해 목발을 가지고 있다.
다른 집을 찾아가기 위한 목발,
내 영혼도 목발을 짚고 쫓아와 있다.

평생을, 아픔을 끌고 다녀야 하다니!

나를 생각할 때만큼 고통스러운 적은 없다.

집 없는 길

사발시계의 초침 소리
형광등의 없는 날개 터는 소리,
그것들만 없다면
이 방안은 침대가 놓인 무덤 속이 된다

치울 곳이 없는 밥상과
이곳만을 비추다 말 화장대의 거울,
전화기와 가습기, 허옇게
이곳만을 담고 있는
텔레비전의 화면,
장롱 속의 이불과 옷가지

사방이 벽으로 둘러쳐진다면
이 세상이 이 방안에 갇히게 된다면

얼마나 많은 태양을 놓친 뒤이겠는가, 하지만
나라는 인간은 모든 것으로부터 잊힐 때에만
자유로운 존재다

태양을 머릿속에서 잃어버리게 될 때
나는 더 이상 나를 못 살게 굴지 않아도
나에게 속지 않아도 된다

봄밤

봄밤엔 보이지 않는 문이 너무 많다.
봄밤엔 보이지 않는 문틈이 너무 크다.
캄캄함을 흔드는 개구리 울음 속에서
코 고는 아버지, 밤새워 비탈길 오르는 아버지,
어금닐 깨물고 계시는 아버지.

불 끄구 자라, 불
끄구 자야 한다.

오십 몇 년간, 밤새워 비탈길 오르는 아버지.

불을 끌 수 없다, 불을 끄고
캄캄해질 자신이 없다. 혼자가 될
자신이 없다.

비탈길 위에는 밤하늘이 있고
울음과 안간힘과 끈덕짐을
먹고사는 별들이 있다.

부자가 누워있는 작은 별의 방은
언제나 비탈길 맨 아래에 있다.

깊은 곳

여자는 접문을 닫고 들어간다
여자의 양쪽 손엔 빈 양동이가 들려있다
양동이는 찌그러진 은빛이다, 그녀의 은빛
머리에 가로로 비녀가 꽂혀있다
그녀는 이제 늙었고 뚱뚱하다, 숨이 급하다

그녀가 사는 성은 산 밑에 있다
그곳엔 오동나무와 은행나무
앵두나무가
갈라진 가지를 쳐들고 있다

그녀가 다녀간 돈사(豚舍)는
이제 어둠 속에 묻혔다, 그곳에서
구정물을 뒤지는 돼지들

그녀는 두꺼운 안경을 끼고
아궁이 앞에 앉아있다
그렇게 자신의 빈방에

불을 지피고 있다

그녀 앞의 그 굴은 거의 막혀있다,
불길이,
확,
그녀에게로 덤벼든다

그녀는 막힌 굴을 들여다보고 있다
갈퀴손으로
안경 속의 질퍽거리는 눈을 비비고 있다

둥근달

주방의 벽에 걸어둔 감자가 담긴
검은 비닐봉투를 들고
밖으로 나왔다.

네온을 두른 전기 십자가,
달을 지지고 있었다. 달은
전기인두를 떨어뜨리고
떠오르고 있었다.

싹이 나기 시작한 감자들
난간에 퍼놓았다, 이걸
어디다 묻어야 하나!
달의 싹인 푸른 하늘이 보였다.

묻히는 고통 없이,
파내는 고통 없이,
어찌 견딜 수 있겠는가……

달이 묻힌 자리마다
달의 열매인 별이
다닥다닥 열렸다.

거꾸로 도는 환풍기 날개

코드가 뽑힌 채
환풍기의 날개 거꾸로 돌고 있다. 그
더러운 날개는 구멍 속에 고정되어 있다. 구멍은 더
러워지면서 좁아진다.
나는 구멍을 더럽혔다

거꾸로 도는 환풍기의 날개,
나는 구멍을 통해
무엇도 불러올 수 없음을 안다

늙어죽을 때까지 사는 사람들은
모두가 위대하고 용감하다

나보다 나 자신을 저주하는 인간은
이 세상에 없다

밤나무

소풍 나온 아이들
풀밭에 앉아 노래를 부르고 있다,
박수를 치고 있다.

밤나무 밑에는
할머니와 남자아이가 앉아있다, 자
어여 먹어, 목 맥히지.

남자아이는 김밥을 삼킨다.
할머니는 자꾸 김밥을 입에 넣어준다.
남자아이는 목이 막힌다,
눈이 붉어진다.

밤송이들이, 쩍 벌어져 있다.

고사목

무엇을 닦아냈을까?
지지 않을 찌든 때가 전부인
짜놓은지 오래된 걸레, 비틀리고
비틀려서 버려져있다.

정상에서,
걸레의 먼 후손들이
자신의 생을 비틀어짜고 있다.

사진 속에 갇혀있는 연기

책상 앞에 걸려있는
저 액자 속에는 아직도
은행잎이 모아져 불타고 있다.
빗자루를 든 사람은 보이지 않는다.
불을 지른 사람도
사진 속에서 떠나고 없다.

저 사진 밖에는
여러 군데 얼룩이 져있다. 연기는
웅덩이의 잿더미 속에서 피어오른다.
하늘은 잘려나가고 없다. 그러나
그곳은 언제나 대낮이다.

향연사(香蓮寺)*

내가 만지작거리던
가는 손가락들의 마디가
시누대나무 숲에는 얼마나 많은가

잘못 들어선 이 길 끝에는
헐린 절간이 있다

내 마음 한구석에는
아직도 5월의 금빛 보리들이,
고개를 처박고
몸을 비비고 있다

내가 원했던 건
지루한 고독뿐이다
수많은 빈방을 가지고,
지키며 살아가는 그것

그때,

내 가는 손가락들의 마디는
부러지는 소리를 내곤 했다
나는 시누대나무에 감겨있는
넝쿨들의 조임을 마음속으로 느끼곤 했다

  * 충남 홍성 서부 양곡에 있던 절

저수지 2

바다의 중심에
양수기의 호스가 닿아있네

고기들은
비늘과 가시들을 남겨놓고
딱딱하게 굳은 뻘 위에서
증발해버렸네

바다 위에는
농약병과 술병이 있네
그 속은 어둡고 비어있네, 물이
들어가 있던 데까지
허연 표시가 되어있네

갈라진 바다을 걸어가네
빗물로 다시 채워질 바다
고기들이 내려와 살아갈 갈라진
바다 속을 벌리며

여름의 태양이 타들어가네

버려진 길

코스모스가 피어있다.
이 길에 서있는 아까시는
이제 가지를 잘리지 않는다.

이 길에는 휴게소가 있었다. 지금은
버려졌지만 주유소가 있었다. 지금은
옮겨갔지만, 과일을 팔던 가게들이
포장을 치고
과일 직판
입간판을 내놓고 있었다.
밤새 불을 켜들고 있었다.

이 길로는 어디로도 갈 수 없다.
이 갈라진 길가에는 사과 과수원
이 구부러진 길가에는
붉은 볼을 가진 홍옥들이
늙어버린 가지들을 찢고 있다.

이 길은 거대한 가위의
녹슨 아가리 같다, 이 길은
가위의 날이 합쳐지는 것을 보여준다.

등 뒤에서,
해가 떨어지고 있다.

해청을 지나는 버스

염전의 웅덩이들, 염전의
무너지는 나무 창고

물 빠진 뻘과, 뻘의 발인
긴 고랑이 보인다
뻘의 상처는
긴 다리들을 가지고 있다

이젠 바다가 아닌 저 뻘의
굳은살 박인 몸,
나는 버스에 실려간다
벽에 걸린 붉은빛이
들어간 풍경화를 본다

돌팔이 의사가 살던 집이 있다
충치를 빼러들어갔던 그 집의
측백나무 울타리,
모르는 사람들이

등을 돌리고 막고 있다

멀리서 보면
이 창문들은 여전히
번쩍,
번쩍,
출렁일 것이다

무엇이든 담아두기를 거부하는,
여러 개의 거울을 달고 가는 버스

어서 거울 속으로 들어가고 싶은 모습이 하나
출렁출렁 들여다보며
따라오고 있다

한낮의 공원을 위하여

자신을 잃어버린 사람만이
한낮의 공원을 거닐 수 있다.

이 귀퉁이 저 귀퉁이,
앓아본 자들만 나와 앉아있다.

이제 거니는 게 아니라
살피는 게 아니라
화려한 벤치를 찾아다니는 게 아니라
언제 꺼질지 모르고 망가질지 모르는, 마음은
아직 십대인 사람들이
이 공원의 주인이다.

이 공원에서는
하늘을 보는 사람이 없다. 이 공원에서는
붉은 보도블록들이 하늘이다.
대부분을 잃어버린 사람들의 시선이
오래 머물 수 있는 곳.

치타야, 원숭이야, 코끼리야, 여우야, 당나귀야……

너희들만이 말을 알아듣고 할 줄 안다.
세상 말들의 끝은 침묵이다.

모든 것이 끝난 뒤에
자신의 텅 빈 우리가 남는다.

기울어진 전봇대

새벽에 창을 열고 별을 바라본다,
이 좁은 창틀 밖은
아직 어둠이 남아있다.
나는 지나간 환상을 보고 있다.
환상 속엔 사내가 있다, 전봇대에
이마를 대고 있는 사내, 전봇대에
가로등이 달려있다, 차츰
빛을 잃어가는
가로등 밑을 지나가는
헛것들을 보고 있다.

사내는 구역질을 하고 있다. 술이라는 것
환상이라는 것

그 빛은 차고
눈부시고
서러운 것이다.

전깃줄과 전홧줄, 바람소리
사내는 울고 있다.
이제 그만, 사내를 불러들이고 싶다.

고장 난 수도꼭지에서

이 싱크대의 설거지통은 마개가 없다.
설거지통에 고개를 박고 있는 고장 난
수도꼭지는 쉼 없이 군침을 흘리고 있다.
밥풀을 하나 건져먹고 싶어, 때로는
밥풀이 붙어있는 그릇 속에서
군침이 흘러넘치기도 한다. 그러나
밥풀은 군침 위에 떠있다
군침과 함께 흘러나간다,
허기진 구멍 속으로 사라져간다.

풀렸다 다시 조여지는 목구멍,
컴컴한 구멍 속은 번번이
열려있다, 뚝 뚝
떨어지는 물소리가 들린다.

조여지지 않을 때까지,
조금만 더, 비틀어줘……

콘크리트에 찍힌 발자국

무거운 짐이었을 누군가가 잠깐 지나감
누군가는 의식하지 못했음
누군가의 신발은 여러 번 바뀐 뒤임
신발들을 하나같이 기억하지 못함

목련나무 아래 소파

닳아빠진 소파가 그늘들을 앉혀놓고
썩어가는 자신의 속을 들여다보고 있네
실체로부터 추락한 그늘들
입속을 보이고 있네

꽃봉오리들이 벌어질 때,
내가 가졌던 믿음들은 뒤집히고 있네
모든 꽃들은 뒤집혀 버려지는 것이네

누군가는 불가능을 떠올릴 거고,
누군가는 과거로 돌아가려 하고,
현재로부터 추방당한 저 그늘들은
자신을 잃어버린 뒤라
기약 없는 기다림의 바닥에 귀를 대고 있네

한겨울을 뜰에서 보낸 소파는
대문 밖으로 버려질 거네

병들지 않기 위해,
고물딱지가 된 꿈들을
밖으로 내다 버려야 하는 거네

금강휴게소
− 물 구경

당신을 보고 오는 길,
화장실 창문 너머로
검푸른 물이 보인다
물 구경하는 사람들이 보인다

물은 왜 물들이 아닌가
사람들은 왜 사람이 아닌가

고속버스에서 내려 십오 분간
세상의 길들처럼 끊어지지 않고,
계단을 타고 내려가는
물을 구경한다

넘쳐흐르는 물을 구경한다
끊어지지 않는 물,
부서질 때만 잠깐,
하얗게 변하는 물을 구경한다

고개 떨구고
물속의 자신들을 구경하는
사람들을 구경한다

나를 위해 울어주는 버드나무

자신이 만든 그늘에 고개 숙이고
평생을 살 여자 있다면, 그
그늘 밑에 신문지 깔고 눕고 싶네

변하는 것들이 얼마나 많은지 가짜인지
알고 싶네

버드나무 그늘 벤치에서, 헤
입 벌리고 잠든 남자들

떠나기 위해
매미들은 악을 쓰며
울고 있네

그 여자의 숨소리,
아주 작은 머리카락 흔드는 소리

날개 없이 날아다니는 것들이

헤매게 하네

잠만 자는 방

아이에겐 모든 낮이 아침이다.

"아빠는 잠만 자다 나가,
아침에 잠만 자다
어두우면 나가……"

장난감 그릇을 들고
방으로 들어가는 아이가 말한다.

"아빠를 좋아하는 사람은
이 세상에 하나도 없어!"

열린 창문의 커튼이 들린다.
어두운 바깥 풍경이 보인다.

쿵! 바람에 방문이 닫힌다.

3부

겨울에 지일에 갔다 1

지붕이 날아간 집에 들어갔다
대문이 없는 집이었다
떨어져 나간 방문과
빗물 자국을 한 벽지의 꽃들

이 세상을
꽃상여로 보여주던 그 꽃들은
사라지고 있었다

누가 심어놓고 갔는지

아무렇게나 자란 국화 한 무더기
그 집 마당가에
시들어있었다

겨울에 지일에 갔다 2

방앗간 앞에
경운기의 짐칸이 버려져 있다
그곳은 양지바른 곳이다, 늙고
병든 사람들의 차지다
그들은 쭈그리고 앉아 담배를 피우고 있다
그들 앞에는 연못이 있다, 산과 헐벗은
과수원이 펼쳐져 있다
그들은 그렇게 앉아서도 지팡이를 하나씩
잡고 있다

대나무 숲이 그늘로 지운 우물은 덮여있다
담쟁이넝쿨은 돌담을 가려주고 있다
돌담 위에 소나무 막대기가 세워져 있다, 빨래들이
소나무 막대기를 잡아당기고 있다

널린지 오래 된 빨래들
주렁주렁, 고드름을 달고 있다

닫힌 문 앞에 여자가 서있다
여자는 팔짱을 끼고 서있다, 그렇게
오랫동안 누군가를 기다릴 모양이다

겨울에 지일에 갔다 6

눈 위에 서있는
수십 그루의 늙고 초췌한 배나무,
철조망 안에는 무수한 요지부동의 내가 들어서 있다

얼마나 많은 날들이 스쳐 지나간 것인가
그리고 얼마나 많은 사람들이 들어갔다 나온 것인가
저 철조망은 여러 군데 벌어져
밖을 삼키고 있다

나는 구멍 속을 바라보고 있다, 그곳엔
여러 갈래의 샛길이 있었다
길들은 창고와 연결되어 있었다
창고 안엔 부서진 나무 궤짝이 쌓여있었다,
그곳은 상엿집같이 음침했었다

그곳의 처마 밑에는
파란 풀들이 돋아나 있다

구멍 속의 길을 바라본다, 나는
구멍 속으로 들어갈 수 없다, 나는 지금까지
내가 아니다

내가 여태껏 달고 있는 열매들은
허연 봉지 속에 쌓여있다, 그
열매들은 떨어져 박살나지 않았어도
이미 버려진 것이다

철조망 속에는 지금,
나로 인해 상처받은
한 사람의 내면의 풍경이 펼쳐져 있다

겨울에 지일에 갔다 7

하루는,
저 검은 기와집 대문 앞에
여자가 나와 있었다
나는 여자가 서있는 곳을
지나가야 했었다

도랑에는 낙엽들이 들어차 있었고
물소리는 조그맣게
낙엽들 사이를 지나가고 있었다
여자의 시선이 끝까지
나를 따라오고 있었다

내가 지나가자
탱자 가지에 앉아
재잘거리던 참새들이
한꺼번에 날아올랐다

내 마음의 밑바닥은 비포장이다

시든 풀들을 밀며
거친 돌들이 튀어나온다

겨울에 지일에 갔다 9

거대한 물고기의 등짝,
비늘과도 같은 기왓장 위로
검고 매캐한 연기가 치솟고 있다

여기서 세월은 멈췄다
누구를 위하여
비늘뿐인 물고기를 굽고 있느냐
누구를 위하여,
파먹은 살점에 고인 어둠을
지키고 있느냐

변함없는 세월아, 세월아

불은 보이지 않는다, 거친 연기는
가본 적 없는 길을 잘도 간다, 불이
급히 연기를 부르고 있는 것처럼

새로 집을 짓는 사람은 없다

다시 돌아오는 사람은 없다

여긴 멈춘 시계의 부속품인 것,
나는 기억의 포로인 것,
나의 한계는 과거에 있는 것

논두렁의 서릿발 위를 걸어간다
논을 닫고 있는 얼음의 유리창,
잘렸던 벼포기들이
얼음을 뚫고 나와있다

싹들은 시퍼렇게 멍이 든 채
허공을 향하여,
잘 가라, 잘 가!

손 흔들고 있다

겨울에 지일에 갔다 10

모든 그림자가 길어진다

저녁에 벤치에 앉아 서로의
얼굴을 바라보는 사람들은,
이 세상의 세월을 모두 앞에 옮겨놓고
있는 것

구길 수도 없고,
다시 펼 수도 없는 것
지나간 것

나에게는 아프지 않을 자신이 있는데

―당신의 얼굴에 물결들이 지나가고 있어요
그 물결들 밑에서 별들이 태어나고 있어요

세상의 모든 그림자가
노을과 함께 사라지고 있다

물결들이 사라지고 있다

겨울에 지일에 갔다 8
- 우물가

껍질이 벗겨진 나무토막들
기울어진 시멘트 담을 받치고 있다. 쩍
벌어진 시멘트 담 사이로 우물이 있다.
갈라진 우물가에 젖은 채 달라붙어있는 낙엽들

너는 망했다, 너는 폐허다!
마당에 뒹구는 낙엽들, 마르고 마른 잡풀들!
아직 떨어지지 않은 이파리처럼, 구겨진
한 마리 새가 지저귄다.

어서 지나가거라,
다시는 돌아오지 말아라.

구절리에서

여자아이가 끌고 가는 리어카에는
마대부대가 가득 실려있었다. 그
마대부대들은 열십자로 묶여있었다.
남자아이 둘이 뒤에서
마대부대와 여자아이와 리어카를 밀고 있었다.

내장을 꺼내 놓은 구절리의 산들.

뒤에 처져 따라가는 아비로 보이는 남자의
손가락 사이에 끼워진 담뱃불, 앞으로
한 걸음 뒤로 한 걸음, 그렇게 희미하게
쉬지 않고 타고 있었다.

벽 속의 관

이 길가에는 관상어를 파는 가게가 있었다.
이 길에서 보도는 차츰 좁아지고 있었다.

가게의 벽은 유리였고, 그
벽은 관을 하나 감추고 있었다.
관 속의 관상어들은 움직이려 하지 않았다.
괴롭지 않느냐, 물을 필요가 없었다.
거긴 벽이고 관 속이었다.

물속에서 말라죽는 일은 일어나지 않았다.
운명을 바꾸려고 하는 것들,
끊임없이 움직이고 있었다.

관상어들은 벽을 뚫고 들어가
그곳의 무늬처럼 박혀있었다.
모든 번뇌를 잊고
공중에 떠있었다.

울긋불긋한 관상어들,
유리구슬에 박힌
바람개비
무늬처럼
꼼짝하지 않았다.

구슬이 깨져도
구슬이 박살나도
나오지 못할 관상어들,

그곳에는 바닥이 없었다.
그 물은 끓은 적이 없었다.

깨어진 화분

겨울이 되어 방으로 옮겨온
저 애물단지는 언제 것인가?
생일을 기억하는가?
개업일을 기억하는가?
머리통을 가르고
무엇이 지나갔는가?
무엇이 스쳐갔는가?
갈라진 화분, 몸통의 금들-
생의 진물을 토해내는 틈이다

화분 위에 퍼져있는 이파리들
가망이 없음에도
아랑곳하지 않는다

내가 먼저 알고 있다-
가망 없다는 말-,
끝이라는 말-,
그것들은 가느다란 철사 줄에 불과하다

너를 붙들어 매어놓는 것-,
견딜 수 있느냐는 물음이었다

이제 녹이 슬고 있다

화살

사거리에 몰린 자동차 뒤에서
부들부들 떨고 있는 구멍들……

그걸 틀어막으면 어떻게 될까
길에 주저앉아 무엇을 할 수 있을까
뒤로 돌아갈 수 없다. 돌아서는 순간
앞이 나온다. 그리고 여긴 사거리다.

신이시여,
언제까지 쏟아내야
이 배설 욕구가 풀리게 될까요.

운전석에 앉아 신호를 기다리는
심각한 얼굴들, 유리로 된 화장실
변기에 앉아있는 사람들.

너무 많은 걸 먹은 뒤라, 영원히
변기에 엉덩이를 맞춰야 할지도 모른다.

신이시여,

아기가 태어날 때

어떻게 죽을지도 미리

부모에게 속삭여 주십시오.

연못에 박힌 전봇대

너에게 갈 수 없음으로
그렇게 할 수 없음으로
내가 바라보고 있는 것
무수한 떨림의 중심에
박혀있는 전화 전봇대.
이 연못을 몇 바퀴 돌다
나는 떠나야 하리라.

이 연못은 벌써부터,
시체 썩은 물을 담고 있으니,
모든 것을 씻고 난 뒤에 남겨진 것이니.

곯기 전의,
계란 노른자인 듯한 태양이
아무리 깊은 데를 보여주고 있더라도
나는 아프지 않을 것이다.

이 연못은 작은 전봇대 하나도

제대로 삼킬 수 없는 것이다.

벚꽃나무들의 거리
- (경주)에서, (경주)를 위하여

길가에 늘어선 평상의 빗물 자국,
분화구를 만들어놓고 있다. 젖은
걸레로 훔치고, 앉고 싶은 평상.

꽃잎은 평상 위로,
보도블록 위로,
아스팔트 위로, 굴러떨어진다.

꽃잎들,
한낮의 주차장,
붐비는 관광버스들,
꽃잎은 어지럽다.

더러운 장판이 깔려있고,
유치한 무늬들이 널려있는
평상을 지나가는 기억이여,
대낮에 술 먹고 죽고 싶다.

덮어주고 덮어주는,
꽃잎들을 털어내면서……

팔짱을 끼고……
손을 잡고 걸었던
길과 무덤 사이의 담이 높다. 이
길은 문까지만 간다, 이
길은 무덤과 추억 사이의 무너진 담이다.

꽃을 털어낸 가지들,
다시 한번 날개를 달고,
퍼렇게 달아오른다.

긴 점포의 한낮

점포 앞에 세워진 자전거 두 대
서로를 잠그고 구부정한 모습을 하고 있다.
이 긴 점포 끝의 의자에서
나는 어디론가 떠나고 싶어한다.
자전거의 바큇살은
이제 새롭지가 않다.
그곳에 머물러있지 않는 햇살.

벽에 붙은 포스터들,
요란한 속을 뒤집어 보인다.
그곳엔 알 수 없는 그림과
거꾸로 보이는 글자의 그림자,
너무 깊이 내려왔다, 바닥은
또 다른 벽인 것이다.

휴식이란 곧
간신히 기어올라온 낭떠러지로
떨어지는 것.

나는 왜 썩지 않는 것일까, 유리관 속에는
마취제 같은 형광등이 켜져 있고,
일방통행의 길을 오가는 차들……

유리문은 닫히지 않았다, 햇살과 바람이
유일한 손님인 이 긴 점포의 한낮,
내가 가졌던 모든 것은
감옥을 만들고
그 속으로 들어간다.

감옥 안에는
수많은 감방이 딸려있다,
긴 복도를 바라보는 간수
나는 감방을 지키는 일을 한다.

녹슨 창살 사이로

불독의 눈은 세상과 자신을 향하여
썩고 있었지
바닥까지 창살인 세상을 향하여
자신을 향하여
불독이 느낀 저주,
똥과 오줌

방앗간은 문을 닫았고
쇠사슬과 녹슨 창살만
남아있다

불독이 지킨 건 무엇이었나
문을 걸어 잠근 방앗간, 시커멓게
파리 낀 밥그릇

바닥에 몸을 누인 채,
썩어가는 세상과 자신을 번갈아 바라보던 불독의,
떴다 감았다 하던

붉은 눈은 사라지고 없다

그 속을 가득 채운 풀이
녹슨 창살 사이로 빠져나와있다

양철지붕에 떨어지는 비

그가 만든 세계는 불화의 천국이다
어떤 이유로, 아침부터 밥상 앞에서
젊은 부부가 얼굴을 붉히고 있다

양철지붕에 떨어지는 쉼 없는 빗소리
그녀는 어항 속을 쳐다보고 있고
그는 고개를 숙이고 있다

저 혼자 틀어져 있는 TV에선
아침 드라마가 진행되고 있다, 그는
돼지우리를 떠올리고 있다……
콘크리트 바닥에 주저앉은 돼지들
지가 싼 똥을 깔아뭉갠 돼지들,
그 세계는 언제나 불편한 곳이다

그 대신, 그의 무능을 질타하는
빗소리
이젠 끝이라는 말을 수없이

되풀이하는 양철지붕의 빗소리
세숫대야에, 뚝 뚝
떨어지는 썩은 물이 한금 찬다!

이 세계의 완쾌를 빌고 있다

| 에필로그 |

그곳으로부터

 손을 심하게 떨던 시절이 있었다. 식당에서 여럿이 어울려 밥을 먹는데 숟가락을 들지 못하겠어서 창밖의 매실을 바라본 적이 있다. 떨리는 손을 다른 손으로 잡아 탁자에 지긋이 올리고 내가 왜 이렇게까지 됐나 싶어 한심하고 막막해졌다. 핑 도는 눈물을 들키지 않으려고 물을 마시러 가는 척 간신히 컵을 쓸어들고 밖으로 나왔다. 이틀인가 사흘인가를 연거푸 술을 마셨다. 비가 온다는 핑계로 친구를 만나 막걸리로 시작한 술판은 친구의 아파트로 이어져 토요일과 일요일을 다 잡아먹었다. 서랍에 감춰둔 양주 세 병까지 마신 뒤 단지 앞 편의점에서 다디단 포도주 두 병을 사와 마셨다. 늘어선 술병을 보면 토가 나오고 술기운이 올라와 걸음을 제대로 걷기도 힘들었다. 생수를 들이켜고 택시 안에서 이마를 짚고 오는 동안 심장박동이 불규칙했다. 갈증을 이기지 못해 일어난 새벽에 두 편의 시를 옮겨 적었다. 한 편을 더 옮겨 적을 수 있었는데 더는 소변을 참을 수가 없었다. 화장실에서 나와 나머지

시를 옮겨 적으려는데 아파트 단지가 쩌렁쩌렁 울렸다. 중년 여자의 욕설이 사람들 잠을 깨웠다. 불을 켜고 창문에 붙어 구경하는 사람들이 보였다. 나는 세 편의 악몽을 연달아 꾸었다. 화염에 휩싸이는 아스팔트를 질주하고 있었다. 0.01mm 차이로 불길을 따돌리고 있었다. 곧 길이 끊기고 폭포수로 변한 불길에 떠밀려 낭떠러지를 날았다. 아득한 바닥에서 순식간에 석순들이 자랐다. 그때 내 몸무게는 0을 향해 치달았다. 운 좋게 안개 의자에 걸터앉았는데 안개의 미립자들은 내 몸에서 빠져나간 성분들로 구성돼 있었다. 그곳에서는 갖가지 술 냄새가 역겹게 풍겼다. 하지만 나에게는 냄새를 구별할 후각 능력이 없었다. 어이없게도 맡을 수는 없지만 느낄 수는 있었다. 나는 안개 의자에 앉아 내 느낌에 충실한 시를 옮겨 적을 수 있었다.

    민들레 씨가 날아가다
    살아보자,
    내게 붙었지요

    나는 어디로 가야 하나요
    나는 어디로 가야 하나요

    나는 언제까지,

가슴속 손안에
당신을 쥐고 살아야 하나요

나는 민들레 씨를
지난 봄날 햇볕 한 뭉치를
입속에 삼키고 말았지요

―「당신」 전문

 꿈에서도 술 취한 상태로 동네술집을 전전하고 있었다. 술이 너무 취해 탁자에 엎드려 잠든 나를 흔들어 깨웠다. 나를 만질 때의 촉감은 솜사탕을 한 주먹 쥐었을 때의 기분 나쁜 끈적거림이었다. 어디 문지를 데도 마땅찮은 끈적거림이 온몸으로 퍼졌다. 주브 바에 두 손이 묶인 채 모터사이클에 끌려가면서도 나는 긁을 데를 찾았다. 웅덩이를 파고 돼지를 잡은 도랑을 지나고 있었다. 돼지 피 썩는 냄새가 모든 풍경을 정지시켰다. 나는 모터사이클을 추월해 질주했다. 그러고는 모터사이클을 끌고 저수지 둑을 내달려 수문 아래로 투신했다. 벌떡 일어나 눈을 뜨자 봄날의 오후였다. 비스듬히 기운 햇살이 담장의 금들을 조사하러 나와 어슬렁거렸다. 인기척이 느껴지지 않는 골목으로 난 창문에 갓 피어난 장미들이 보였다. 동쪽 열린 창문으로 풍경 소리만이 땡강거렸다.

오른손 검지 손톱 밑 살점이 조금 뜯겼다.

손톱깎이가 살점을 물어뜯은 자리
분홍 피가 스며들었다.

처음엔 찔끔하고
조금 있으니 뜨끔거렸다.

한참 동안,
욱신거렸다.

누군가 뒤늦게 떠난 모양이었다.

벌써 떠난 줄 알았던 누군가
뜯긴 살점을 통해 **빠져나간** 모양이었다.

아주 작은 위성안테나가 생긴 모양이었다.

너는 어디에도 없고 언제나 있었다.
　　　－「너는 어디에도 없고 언제나 있다」 전문

관중의 침묵이 곡선형 보도블록이 깔린 링을 주시하

고 있었다. 소요 때문에 은행잎들도 부랴부랴 뛰쳐나온 모양이었다. 가로등 불빛을 입은 은행잎의 빛깔이 하도 예뻐서 일방적으로 난타당하는 선수를 잠시 잊고 있었다. 쩌렁쩌렁 울리는 중년 여자의 욕지거리가 달에까지 도착했는지 달무리에서 나온 달이 평생 감당 못할 금화를 디밀었다. 엄청나게 뚱뚱한 중년 여자가 비교적 날씬한 여자를 일방적으로 몰아붙였다. 이삼십 분 동안 코너에 몰려 난타당한 여자는 고개를 숙이고 있었다. 그동안 쌓인 게 얼마나 많았음 저럴까 싶어 동정표를 던지고 싶었다. 뚱뚱한 여자의 삿대질은 동작이 커지고 욕지거리는 악에 바쳐 거칠 것이 없었다. 언젠가 사려다 만 욕사전에도 아직 등재되지 못했지 싶은 욕들이 자유자재로 구사되었다. 개중에는 베란다 창문을 열고 줄담배를 피우는 이도 있었다. 담뱃불을 붙여 손가락에 끼운 중년 여자가 고개를 들고는 상대편에게 나직이 말하는 목소리가 들렸다.

"너한테 부탁할 게 있는데……"

뚱뚱한 여자는 더 길길이 날뛰었다.

"그게 뭔데…… 그게 뭔데…… 그게 뭐냐고……"

담배연기를 깊이 빨아들여 길게 내뱉는 여자를 향해 주먹을 그러쥔 여자가 욕지거리 융단폭격을 퍼부었다. 이쯤해서 경찰을 불러야 하는 게 아닌가 싶었다. 더 이상 방관하면 무슨 일이 나지 싶었다. 관중들이 여자를 향해 욕설을 날렸다. 플래시를 든 경비원들이 여자들 주위에 모여 있었다. 하지만 기세가 오를 대로 오른 여자를 제지하지는 못했다. 갑자기 공초를 튕겨버린 여자가 고개를 바짝 쳐들었다. 그러고는 진지한 얼굴로 입을 열었다.

"야, 처음이자 마지막 부탁인데…… 제발…… 다이어트 좀 해. 다이어트 좀……"

여자가 입술과 주먹을 부르르 떨었다. 곧이어 얼굴이 하얗게 질리더니 눈동자에 흰자위가 들어찼다. 무릎이 꺾인 여자는 이마를 짚고 맥없이 주저앉았다. 관중석에서 시작된 기립박수소리가 새벽의 아파트단지를 환호의 도가니로 만들었다. 구급차의 사이렌 소리가 사라지고 불이 꺼지고 있었다. 우리에게는 악몽을 대신 꿔줄 능력이 없었다.

간드레 시 02
나를 위해 울어주는 버드나무

초판발행 2021년 11월 11일

지 은 이　이윤학
펴 낸 이　이윤학
마 케 팅　성홍진
편　　집　성민주 이한비
본문디자인　헤이존
펴 낸 곳　간드레

출판등록　제144호(2019년 6월 3일)
주　　소　안동시 도산면 영양계길 83-10
편 집 실　서울시 서초구 서초중앙로 95, 5층
전　　화　02-588-7245
메　　일　candleprint@naver.com

ISBN　979-11-971559-2-5　04810
　　　　979-11-971559-0-1　(세트)

ⓒ 이윤학, 2021, printed in andong, korea

이 책의 판권은 지은이와 간드레에 있습니다.
양측의 서면 동의 없는 무단 전제 및 복제를 금합니다.
잘못된 책은 바꾸어드립니다.

이 도서는 1997년 대산문화재단의 창작기금을 받았습니다.